DES CONSEILS ÉVANGÉLIQUES

SUIVI DE L'ALPHABET DES RELIGIEUX ET DES EXERCICES SPIRITUELS

SAINT BONAVENTURE

Traduction par
M. L'ABBÉ BERTHAUMIER

DP ÉDITIONS

TABLE DES MATIÈRES

DES CONSEILS ÉVANGÉLIQUES

L'ALPHABET DES RELIGIEUX

EXERCICES SPIRITUELS

DES CONSEILS ÉVANGÉLIQUES

DE LA RELIGION.

La voie des conseils évangéliques est parcourue par les hommes parfaits, comme sont les religieux. Nous allons donc nous entretenir d'abord de la religion elle même ou autrement de la vie commune.

Considérez trois choses, au nom du Seigneur, touchant la vie religieuse : le type auquel elle est comparée, le principe d'où elle dérive et le voeu qui l'enchaîne. Le type auquel nous pouvons comparer une telle vie et par où elle nous apparaît digne de louange, est de plus d'une sorte. Trois choses, en effet, provoquent nos hommages chez les religieux : le poids de la gravité, l'amour de la vie commune et la fuite de tout bien propre.

Le religieux doit donc avoir le poids de la gravité. De même qu'un changeur véritable connaît les meilleures pièces d'argent à leur pesanteur, ainsi un religieux se fait connaître au poids de sa gravité. Aussi est-il dit dans les psaumes : *Je vous louerai au milieu d'un peuple plein de gravité*[1].

Le religieux doit aimer la vie commune; nous le voyons par beaucoup d'exemples. D'abord, quand plusieurs hommes sont réunis, ils s'avancent avec plus de sécurité, ils sont plus forts contre les attaques et ils trouvent en eux-mêmes des consolations plus abondantes. Voilà pourquoi il est dit au livre de l'Ecclésiaste : *Il vaut mieux être deux ensemble que d'être seul* [2]. Ensuite, quand un oiseau est seul, c'est ou un oiseau de proie, comme l'épervier, ou un oiseau ayant perdu son compagnon, comme la tourterelle. De même le religieux qui veut être seul est un oiseau de proie par ses médisances, ses jugements sur son supérieur et ses frères, ou bien il a perdu son compagnon, ou autrement Jésus-Christ. C'est pourquoi il est écrit : *Malheur à celui qui est seul*[3] ! Lorsque le Seigneur fut présenté au temple, on offrit deux tourterelles et non une seule. Quand une chandelle est seule, le vent l'éteint facilement; quand elle est allumée avec plusieurs autres, il n'en est pas de même. Ainsi plusieurs hommes réunis par le lien de la charité jettent un éclat plus brillant par leurs bons exemples et brûlent avec plus d'ardeur par leurs désirs des choses divines. C'est ce qui fait dire au Prophète[4] : *Assemblez les saints du Seigneur en sa présence.* De plus, une seule pièce d'argent ne saurait constituer un trésor, mais plusieurs réunies; un seul soldat ne forme pas une armée, un seul étudiant une école, un seul bœuf un troupeau, une seule abeille un essaim, un seul grain de blé un monceau, une seule espèce de senteur une maison de parfumeries; mais partout il faut la réunion de plusieurs. Ainsi, lorsqu'un certain nombre d'hommes sont unis par le lien de l'amour, il y a sans contredit chez eux une abondance plus considérable de mérites. L'Esprit-Saint voulant nous montrer un exemple de cette vérité, ne s'est pas répandu sur un seul, mais sur plusieurs disciples assemblés, comme nous le lisons au livre des Actes[5].

Le religieux doit fuir soigneusement la possession de biens propres. De même que la chauve-souris boit l'huile dans l'église, où les hommes s'occupent à louer Dieu, ainsi le religieux propriétaire, marchant sur les traces de cet animal, boit et vole les biens du monastère où les autres chantent les louanges du Seigneur et vaquent à son service; Judas seul, parmi les apôtres, s'appropriait l'argent[6].

Remarquez, en second lieu, qu'il y a trois choses réprouvées d'une manière spéciale en tout religieux : l'indévotion, la dissolution et les courses continuelles. Un religieux indévot est comme un jonc qui, planté dans l'eau ou dans un lieu humide, demeure toujours aride en lui-même. De même que le poisson ne cesse de se rassasier d'eau et se trouve cependant vide lorsqu'on l'ouvre, de même le religieux sans dévotion meurt d'inanition en présence d'un pain abondant, de soif à côté d'une fontaine, de froid auprès d'un foyer ardent. C'est de tels hommes qu'il est dit dans les Psaumes : *Les riches ont été dans la détresse et en proie à la faim* [7].

On doit réprouver encore dans un religieux une vie dissolue et le manque d'honnêteté dans ses rapports avec les autres. Un homme du monde vivant de la sorte ne fait tort qu'à lui ; mais un religieux dissolu et sans réserve déshonore son monastère et son ordre. Quand on présente du vin sur un marché, on juge de la totalité par celui que l'on offre dans un verre à l'appréciation publique; ainsi le monde juge de toute une communauté, de tout un ordre, soit en bien, soit en mal, par les exemples offerts à ses regards en la personne d'un seul religieux. voilà pourquoi l'Apôtre a dit : *Nous avons été donnés en spectacle au monde* [8].

Enfin les courses continuelles méritent d'être condamnées dans un religieux. De même qu'un poisson ne saurait vivre longtemps hors de l'eau, de même un religieux ne saurait être longtemps à courir sans s'exposer par sa faute à une prompte mort. De là cette parole de saint Jérôme : « L'oisiveté est pour moi une prison, et la solitude un paradis. »

Remarquez, en troisième lieu, qu'un religieux doit se mortifier, mais non se tuer, obéir à son supérieur et ne point lui résister; avancer toujours dans le bien et ne jamais reculer. D'abord, un religieux ne doit point tuer son corps, mais le discipliner, régler la discipline d'une manière conforme à la raison et quelquefois même relâcher de sa sévérité. De même que l'aigle abaisse ses ailes pour mieux les étendre ensuite; de même que le chasseur relâche les cordes de son arc pour les resserrer plus fortement après, ainsi de temps à autre il faut modérer et tempérer la rigueur de la discipline, pour ensuite l'embrasser avec une énergie nouvelle; car l'Apôtre a dit : *Que votre obéissance soit raisonnable* [9].

Un religieux doit obéir avec humilité à son supérieur et ne point lui résister. On juge un membre paralysé quand il ne se meut pas au commandement de la tête. Tel est le religieux pervers et insoumis qui n'éprouve rien et demeure insensible aux ordres de son père spirituel. C'est de pareils hommes qu'il est écrit dans l'Exode : *Ils deviendront immobiles comme des pierres* [10]. L'élément liquide, dit Aristote, ne saurait se servir de borne à soi-même, il a besoin d'être retenu par un autre.» Ainsi le religieux est bien gouverné seulement lorsqu'il observe les commandements de son supérieur ; il l'est mal quand il suit le mouvement de sa volonté propre. De là cette parole de saint Bernard : « Otez la volonté propre et il n'y aura plus d'enfer [11]. »

Un religieux doit avancer toujours dans le bien et ne jamais reculer. Il doit commencer par des choses plus faciles, pour aller ensuite à des choses plus sublimes, car ne pas profiter dans la voie de

Dieu, c'est décroître. De même qu'un édifice est plus large à sa base et va en se resserrant à mesure qu'il s'élève davantage, ainsi un religieux doit commencer par établir sa perfection sur une telle base qu'il puisse y ajouter et persévérer; autrement on lui appliquera cette parole de l'Evangile : *Cet homme a commencé à bâtir et il n'a pu terminer* [12]. Mais il doit par-dessus tout persévérer dans la vie religieuse, parce que, dit le Sauveur, *quiconque met la main à la charrue et regarde en arrière, n'est point propre au royaume de Dieu* [13]. Ce serait une grande folie pour un homme de sortir du vaisseau au montent de la tempête et de se jeter dans la mer; ainsi est insensé celui qui, au milieu de la tentation abandonne la vie religieuse pour se précipiter au milieu des flots de ce monde. C'est à un tel homme qu'il convient de dire : *Si vous ne demeurez sur le vaisseau, vous périrez* [14].

En quatrième lieu, un religieux a besoin d'être nourri sous la discipline et d'être formé d'une triple manière : comme un petit enfant dans la maison paternelle, comme une faible plante dans un jardin, comme un tendre arbrisseau dans un verger. Il doit être nourri et élevé avec soin sous les lois de la discipline à la façon d'un petit enfant. Il doit avoir, remarquez-le bien, deux sages-femmes pour le recevoir à son entrée dans la vie religieuse, deux nourrices dans son accroissement et son progrès, deux conseillères quand il est arrivé à l'état de perfection. Ces deux sages-femmes sont :

l'obéissance qui lui lie les pieds et les mains et l'enveloppe des langes de la pauvreté ; l'humilité qui le couche dans la crèche et le berceau du cloître, en lui donnant pour garde la tempérance et pour attache le cilice. Voilà les deux sages-femmes dont il est parlé dans l'Exode, et qui, chez les Hébreux, conservaient les enfants mâles [15] ; elles conservent encore les religieux véritables, ceux qui veulent mener une vie parfaite. — Les deux nourrices dont le religieux a besoin dans la voie du progrès sont : 1° la vérité, qui lui apprendra à parler. Aussi saint Pierre nous dit-il : *Si quelqu'un parle, qu'il paraisse que Dieu parle par sa bouche* [16]. 2° L'honnêteté, qui lui indiquera comment il doit marcher. De là cette parole de l'Apôtre : *Nous vous ordonnons de vous conduire honnêtement envers les personnes du dehors* [17]. — Il lui faut néanmoins deux conseillères dans l'état de l'age mûr ou de la perfection. La première est la charité envers Dieu et le prochain, car saint Paul a dit : *Que la charité fraternelle habite parmi vous*; la seconde, l'austérité pour lui-même, selon cette autre parole du même Apôtre : *Je châtie mon corps et je le réduis en servitude* [18].

Le religieux doit être traité sous les règles de la discipline, ou autrement dans la vie religieuse, comme une plante en un jardin. Le jardinier remue souvent la terre autour des jeunes plantes confiées à ses soins. Ainsi doit-il en être spirituellement pour le jeune religieux. On arrache ces plantes d'un lieu, on les transplante dans un autre, on les tient enfermées, on les arrose, on les émonde, on les environne de terre et on les cultive. Ainsi le novice, comme une plante délicate, a besoin d'être arraché entièrement au monde, transplanté dans la vie religieuse, enraciné par une sainte résolution, enfermé par la circonspection, arrosé par la dévotion, environné par des exercices et des occupations, et enfin d'être cultivé. Telles sont ces plantes nouvelles dont parle le Prophète, alors qu'elles s'offrent à nos regards dans toute la force de leur jeunesse.

Enfin le religieux doit être formé dans la vie religieuse comme un arbuste dans un verger. Quand un arboriste possède un rejeton d'une espèce excellente, il l'entoure d'une multitude de soins : il s'applique à lui faire prendre racine, à fortifier sa tige, à lui faire produire des branches, des feuilles, des fleurs et des fruits. Ainsi l'arbuste spirituel, le néophyte, l'homme nouvellement placé dans la vie religieuse, comme en un lieu de réserve, a besoin aussi lui de prendre la racine d'une humilité profonde, la tige d'une droite intention, les rameaux d'une charité sincère, les feuilles d'un langage honnête, les fleurs d'une vie aimable et enfin par-dessus tout les fruits des bonnes oeuvres, car c'est à ses fruits qu'on le reconnaîtra, selon la parole du Sauveur [19]. C'est de rejetons semblables, de rejetons généreux et de grande espérance que le Prophète a dit [20] : *Vos enfants seront autour de votre table comme de jeunes oliviers*; et cette table n'est autre que la religion sainte.

La vie religieuse est vraiment digne de louanges en son origine première. Toute religion, toute congrégation spirituelle, toute réunion d'une vie fraternelle a pour premier auteur Samuel, qui rassembla en un même lieu un grand nombre de prophètes, comme nous le lisons au premier livre des Rois et comme l'histoire nous l'enseigne [21]. Elle prit naissance, en second lieu, d'Elisée avec qui demeurèrent les fils des prophètes, comme nous l'enseigne encore la sainte Ecriture [22]. Son troisième auteur est saint Jean-Baptiste, qui forma une assemblée de disciples. Le quatrième est Jésus-Christ, qui réunit des disciples et des apôtres. Ce genre de vie eut ensuite pour auteur les apôtres, auxquels s'attachèrent beaucoup de disciples menant une vie commune, après l'envoi de l'Esprit-Saint, car parmi eux nul n'appelait sien ce qu'il possédait, mais tout était commun. Après eux, saint Marc eut à Alexandrie des disciples menant une vie admirable, comme nous le lisons dans l'histoire ecclésiastique. De là sont sortis les moines, qui furent de trois sortes : les cénobites vivant en communauté; ceux appelés *remoboth*, qui habitaient deux et trois ensemble, et les anachorètes, qui demeuraient seuls dans le désert. Paul en est le fondateur, Antoine la gloire, et Jean-Baptiste le chef [23].

La vie religieuse est enfin maintenue et enchaînée par un lien vraiment remarquable, un lien qui la rend tout-à-fait glorieuse. Ce lien est triple et digne de louanges; il est formé de l'obéissance religieuse qui soumet, de la pauvreté qui allège, et de la chasteté qui embellit. L'obéissance ôte au religieux sa volonté propre et par conséquent l'enfer, selon cette parole déjà citée de saint Bernard : « Enlevez la volonté propre, et il n'y aura plus d'enfer. » La pauvreté délivre de l'amour des choses terrestres, et par là même de tout mal, comme l'enseigne saint Paul en ce passage : *La source de tous les maux est la cupidité* [24]. La chasteté éloigne de l'homme toute souillure de la chair et le rend semblable aux anges, selon que nous l'apprend le Sauveur quand il nous dit : *Après la résurrection, les hommes n'auront point de femmes, ni les femmes de maris; mais ils seront comme les anges de Dieu dans le ciel* [25]. Nous allons maintenant parler avec ordre de ce triple lien. Commençons par l'obéissance.

1. Ps. 54.
2. Eccles., 4.
3. Eccles., 4.
4. Ps. 49
5. Act., 2.
6. Joan., 12.
7. Ps. 33.
8. II Cor., 4.
9. Rom., 12.
10. Exod., 15.
11. Serm. 3, de Res. Dom.
12. Luc., 14.

13. Luc., 14.
14. Act., 27.
15. Exod., 1.
16. I Petr., 4.
17. I Thess., 4.
18. Hebr., 13.
19. Mat., 7.
20. Ps. 127.
21. I Reg., 10.
22. IV Reg., 4.
23. Hieron., epist. ad Eustoch.
24. Tim., 6.
25. Mat., 22.

DE L'OBÉISSANCE.

Nous avons trois choses à considérer touchant l'obéissance : les éloges dont elle est comblée, les secours dont elle est assistée, et les emplois auxquels elle est appliquée.

Les éloges dont l'obéissance a été comblée sont en grand nombre : elle est appelée l'école du Sauveur, un genre de martyre glorieux, la palme triomphale, l'échelle du paradis. Le Sauveur a enseigné l'obéissance d'une triple manière par son exemple : en venant en ce monde, en demeurant au milieu du monde, en quittant le monde. Il l'a enseignée en venant en ce monde comme il le dit lui-même en ces paroles : *Je suis descendu du ciel non pour faire ma volonté, mais la volonté de mon Père qui m'a envoyé* [1]. Il l'a enseignée en demeurant au milieu du monde, car, dit l'Apôtre, *il s'est fait obéissant jusqu'à la mort* [2]. Il l'a enseignée en sortant du monde, quand, dans sa Passion, il a dit à son Père : *Qu'il soit fait non comme je le veux, mais comme vous le voulez* [3].

L'obéissance est un genre de martyre glorieux et la palme du triomphe. En effet elle donne la mort à l'homme et lui enlève la tête de sa volonté propre. Il est écrit de ce martyre au premier livre des Rois : *L'obéissance vaut mieux que les victimes* [4].

Elle est l'échelle du paradis, et saint Bernard lui assigne sept degrés. Le premier consiste à se soumettre volontiers et sans regimber à l'exemple de saint Paul quand il dit : *Seigneur, que voulez-vous que je fasse* [5] ? — Le second à obéir avec simplicité et sans dissimulation, comme David en ce passage du psaume : *Je suis devant vous comme une bête de somme* [6]. — Le troisième, à obéir avec joie et sans murmure, comme Simon le Cyrénéen qui a porté la croix de Jésus quand on la lui imposa outrageusement [7]. — Le quatrième, à obéir promptement et sans retard, à l'exemple de Pierre et d'André qui, à la voix seule du Seigneur, laissèrent leurs filets et le suivirent [8]. — Le cinquième, à obéir courageusement sans considérer le danger : telle fut l'obéissance de saint Pierre quand il dit : *Seigneur, je suis prêt à aller avec vous en prison et à la mort* [9]. —Le sixième, à obéir humblement et sans orgueil, comme le Sauveur l'a recommandé en ces paroles : *Lorsque vous aurez accompli tout ce qu'on vous aura commandé, dites : Nous sommes des serviteurs inutiles* [10]. — Le septième enfin, à obéir avec persévérance sans jamais s'arrêter, à l'exemple de Jésus-Christ dont l'Apôtre a écrit : *Il s'est fait obéissant jusqu'à la mort.* Ces sept degrés étaient renfermés spirituellement en l'échelle de Jacob dont il est parlé dans la Genèse. Cette échelle nous représente l'obéissance : par elle les anges montaient et descendaient, et ainsi l'obéissance nous apparaît une vie angélique; ensuite elle touchait au ciel, et par là nous reconnaissons que la vie de l'obéissance est une vie céleste.

Considérez aussi que l'obéissance est un vaisseau qui conduit dans les cieux, une clef qui en ouvre l'entrée, un oiseau qui nous y transporte. Et d'abord l'obéissance est un vaisseau : celui qui voyage sur un vaisseau s'avance toujours et cependant il se tient en repos. Ainsi dans le vaisseau de l'obéissance on fait des progrès continuels sur la mer du monde, en dormant et en veillant, en mangeant et en gardant l'abstinence, en marchant et en se reposant, car, à l'instar du marin, on n'agit point de son propre mouvement, mais par l'impulsion d'autrui. C'est de ce vaisseau de l'obéissance qu'il est dit au livre des Proverbes : *Elle est comme le vaisseau d'un marchand* [11].

On peut de la même manière comparer l'homme obéissant à celui qui voyage à cheval. Celui-ci parcourt sa route sans avoir besoin de se donner aucune fatigue; il est emporté par le mouvement de son cheval et non par le sien propre. Ainsi l'homme voué à l'obéissance mérite en demeurant en repos, parce qu'il n'est point appuyé sur sa volonté, mais sur celle de son supérieur. De là cette parole des Cantiques : *O ma bien-aimée, je vous ai comparée à l'équipage conduit par mes chevaux* [12].

L'obéissance est comme la clef du paradis. De même que la désobéissance a fermé le paradis terrestre, de même l'obéissance a ouvert le paradis céleste. Le Seigneur nous a montré une figure de cette vérité quand il a donné les clefs du royaume des cieux à Simon, dont le nom veut dire obéissant. Et comme Dieu a maudit la désobéissance du premier homme lorsqu'il lui dit : *La terre sera maudite à cause de ce que vous avez fait*, de même il a béni l'obéissance de Simon en ces paroles : *Vous êtes bienheureux, Simon, fils de Jean* [13].

L'obéissance est semblable à un oiseau qui s'élève dans les airs. L'oiseau s'appuie sur ses deux ailes pour traverser les régions élevées au-dessus de la terre, de même l'homme voué à l'obéissance fait usage de l'aile de la pauvreté et de l'aile de la chasteté pour atteindre les hauteurs célestes. De là cette parole de l'Apocalypse : *Deux ailes furent données à la femme afin qu'elle s'envolait dans un lieu retiré* [14]. Cette femme peut bien figurer l'obéissance, et les deux ailes les voeux qui lui sont joints, la chasteté et la pauvreté volontaire.

Remarquez encore comment cette vertu est souveraine en son mérite, voisine de Dieu et proche du ciel. Elle est souveraine en son mérite, et pour le faire connaître, Jésus-Christ a établi Simon, l'homme obéissant, au-dessus des autres disciples. Le Créateur veut que tout soit soumis à un tel homme; et il n'y a rien d'étonnant en cela, puisque Dieu lui-même a voulu obéir à celui qui était obéissant. Nous en avons une preuve dans ce passage de Josué où il est dit : *Il n'y eut point avant ni après de jour aussi long, le Seigneur obéissant à la voix d'un homme* [15]. — Elle est voisine de Dieu. En effet, le Sauveur s'est reposé dans la maison de Simon, et il aimait tous ceux qui demeuraient à Béthanie, dit saint Jean [16]. Or, Béthanie signifie la maison de l'obéissance. — Enfla elle est proche du ciel, elle en est l'échelle. C'est pour cela que le Seigneur partit de Béthanie pour monter au ciel, comme le rapporte saint Luc [17].

L'obéissance est assistée de secours divers. Nous en trouvons six : une humilité flexible, une habitude fréquente, une charité ardente, le mépris des choses terrestres, l'onction de la grâce intérieure et le commandement d'un supérieur plein de réserve. L'obéissance est donc aidée et l'homme devient obéissant au moyen de ces secours. L'humilité le rend flexible : de même que la légèreté et la délicatesse d'une tige permettent de l'incliner facilement, de même la tendre délicatesse de l'humilité porte l'homme à obéir sans la moindre résistance. C'est pourquoi l'Apôtre dit de Jésus-Christ : *Il s'est humilié lui-même et il s'est fait obéissant jusqu'à la mort.* — L'habitude vient ensuite en aide à l'obéissance : de même qu'on accoutume par diverses évolutions un cheval à se plier à tous nos désirs, ainsi l'habitude de l'obéissance conduit l'homme à obéir au moindre signe. C'est d'un cheval si bien dressé qu'il est dit au livre des Proverbes : *On prépare le cheval au jour du combat, et le Seigneur accorde le salut* [18]. — L'amour de Dieu prête aussi son secours à l'obéissance : le feu amollit la cire et la rend maniable; ainsi l'amour embrasé du Seigneur rend l'homme obéissant. De là cette parole du Sauveur : *Je suis venu apporter le feu sur la terre* [19], je suis venu l'allumer en l'âme dévote. — L'obéissance trouve un autre secours dans le mépris du monde et l'éloignement de notre volonté de tout objet corporel. L'écorce, tant qu'elle est jointe à l'arbre, est dure et inflexible; mais une fois qu'elle en est séparée, on la plie à sa volonté. De même l'esprit de l'homme se plie sans difficulté à l'obéissance quand il est devenu étranger aux choses de la terre. C'est en la disposition où se trouve un tel homme que le Prophète a dit : *Je suis prêt, et je n'éprouve aucun trouble* [20]. — L'onction de la grâce intérieure prête encore à l'obéissance un puissant secours : de même qu'une peau devient molle et flexible sous l'action de l'huile, tandis qu'auparavant elle était dure et rebelle, ainsi l'homme devient facile à l'obéissance quand son âme a été pénétrée de l'onction de la grâce. C'est de cette onction que saint Jean a parlé dans ce passage : *Conservez en vous l'onction que vous avez reçue*

[21]. — Enfin la réserve de celui qui commande est un encouragement à l'obéissance. Dieu lui-même a donné l'exemple d'une telle conduite, il a défendu seulement le fruit d'un seul arbre du paradis, et il a permis tous les autres : *Mangez*, a-t-il dit, *du fruit de tous les arbres du paradis, mais ne mangez pas du fruit de l'arbre de la science du bien et du mal* [22].

L'obéissance a des devoirs à remplir, et ils lui sont imposés par trois sortes de préceptes. Elle doit se soumettre aux préceptes de droit naturel, et nous les trouvons renfermés en ce passage de Tobie : *Prenez garde de ne point faire à autrui ce que vous souffririez avec peine de sa part*; et dans cet autre de saint Matthieu : *Faites aux hommes ce que vous voulez qu'ils vous fassent* [23]. Nous devons en second lieu obéir aux commandements contenus dans la sainte Ecriture, tels qu'ils sont exprimés dans l'Exode et commençant par ces mots : *Vous n'aurez point de dieux étrangers* [24]. Nous devons obéir enfin aux préceptes inspirés par la grâce, comme en ce qui concerne l'amour de Dieu et du prochain. Nous en avons parlé en traitant de la charité.

1. Joan., 6.
2. Philip., 2.
3. Mat., 26.
4. I Reg., 15.
5. Act., 9.
6. Ps. 72.
7. Mat., 27.

8. Mat., 4.
9. Luc., 22.
10. Luc., 17.
11. Prov., 31.
12. Cant., 1
13. Gen., 3
14. Apoc., 12.
15. Jos.,10.
16. Luc., 7. — Joan., 11.
17. Luc., 24.
18. Prov., 21.
19. Luc., 12.
20. Ps. 118.
21. I Joan., 2.
22. Gen., 4.
23. Tob., 4.
24. Mat., 7.

DE LA PAUVRETÉ.

Il y a trois choses à considérer spécialement touchant la pauvreté : elle a un prix céleste au moyen duquel les pauvres peuvent acheter le ciel ; elle est un festin divin auquel sont invités les pauvres; elle est un trône glorieux sur lequel les pauvres sont placés.

La pauvreté a un prix céleste au moyen duquel il est au pouvoir des pauvres d'acheter le royaume des cieux. En effet, saint Augustin a dit : « Le royaume des cieux s'achète par la pauvreté. » Et remarquez bien que ce royaume appartient véritablement aux pauvres à titre d'achat, car ils en paient réellement le prix marqué par Jésus-Christ quand il a dit : *Quiconque aura quitté sa maison, ou ses frères, ou ses soeurs, ou son père, ou sa mère, ou sa femme, ou ses enfants, ou ses terres, à cause de moi, aura pour héritage la vie éternelle* [1].

La pauvreté est un festin céleste où les pauvres sont rassasiés. Quand on appelle à l'aumône, les pauvres seuls viennent et se hâtent. De même au banquet du ciel, ou autrement aux félicités du paradis auxquelles Jésus-Christ nous invite, les pauvres seuls sont admis: Nous le voyons par l'exemple donné dans saint Luc à l'endroit où il est dit : *Un homme fit un grand repas* [2], etc..., Trois sortes d'hommes, remarquez-le bien, refusèrent de se rendre à ce repas, mais en apportant des excuses frivoles : les avares engraissés par leurs richesses, les impudiques remplis de l'embonpoint de leurs iniquités, et les orgueilleux enflés par les honneurs. De même, selon la parole de Moïse [3], le peuple de Dieu, après avoir été *engraissé, surchargé de ses dons et mis dans une pleine abondance, a abandonné son Créateur et s'est éloigné de Dieu, son Sauveur.* Les avares sont figurés par celui qui avait acheté cinq paires de boeufs; les impudiques, par celui qui s'était marié; les superbes, par celui qui avait acquis une maison. Aussi tous ces hommes ont-ils été exclus à juste titre de ce festin, et les pauvres seuls y furent-ils admis, selon qu'il est dit en ces paroles : *Appelez les pauvres, les estropiés, les aveugles et les boiteux* [4].

La pauvreté est, en troisième lieu, un trône glorieux sur lequel les pauvres sont appelés à s'asseoir. En effet, le Seigneur a dit : *Je vous dis en vérité que vous, qui avez tout abandonné et m'avez suivi... vous serez assis sur douze trônes et vous jugerez les douze tribus d'Israël*. Un homme placé dans les hauteurs célestes regarderait ce monde terrestre comme un point dans l'espace; ainsi les pauvres, ayant un trône et une demeure dans le ciel, considèrent cette terre comme un objet médiocre et méprisable. Ils disent avec l'Apôtre : *Notre demeure est dans les cieux* [5].

La pauvreté offre encore une vie exempte de périls, un repos profond pour l'âme et un vêtement brillant, de splendeur. Les pauvres passent leur vie dans une sécurité profonde, parce que leur pauvreté les met à l'abri des procès; elle ne leur laisse rien à redouter de la part des voleurs, et ils ne craignent aucun malheur dans leurs biens, tandis que les riches sont exposés à toutes ces tribulations. Caïn, dont le nom veut dire possession, avait toujours la tête tremblante et agitée, et il représente les inquiétudes des riches et les sollicitudes de l'avare. — Les pauvres jouissent, en second lieu, de la paix de l'âme : ils ne sont point déchirés par les épines des richesses, ils n'ont point à en supporter le poids, ils sont purs de leurs souillures. Les biens temporels produisent les trois calamités suivantes: leur possession est un fardeau, leur amour une tache à l'âme, et leur perte une angoisse. Pour figurer ce repos dont jouit l'esprit du pauvre et les inquiétudes attachées aux richesses, Dieu donna à son peuple le sabbat et il laissa aux Egyptiens les anxiétés et les peines. C'est pourquoi l'Apôtre dit :

Le jour du sabbat est réservé au peuple de Dieu [6].—
Enfin les pauvres sont couverts d'un vêtement
brillant de splendeur, ils sont environnés d'honnêteté. C'est pourquoi le Sage joint ces deux choses
en disant : *La pauvreté et l'honnêteté viennent de
Dieu* [7]. En effet, dans les sentiers du pauvre brille
spirituellement le signe de Jésus-Christ, dont il est
dit dans saint Luc : *Il sera un signe de contradiction* [8].
Le signe de Jésus-Christ a été contredit de trois
manières par les partisans du monde : sa pauvreté
a été contredite par les avares, sa chasteté par les
impudiques, son humilité par les orgueilleux.

La pauvreté possède encore trois autres biens :
elle est étroitement unie à Jésus-Christ, parfaitement égalée au ciel et comblée des biens les plus
grands. Et d'abord elle est étroitement unie à Jésus-Christ; en effet, Dieu traite les pauvres comme
des amis intimes et des personnes de sa maison ;
les riches, au contraire, sont à ses yeux comme des
inconnus et des étrangers. Pour mieux faire
connaître cette vérité, le Seigneur, en venant sur la
terre, a appelé les pauvres avant les riches, les pê-
cheurs avant les marchands, les bergers avant les
rois; il a appelé les pauvres qui étaient autour de
lui, il a fait venir les mages des extrémités de
l'Orient. — La pauvreté est ensuite égalée parfaitement au ciel : la raison en est qu'elle est souverainement éloignée du monde. Le pauvre, en effet,
s'élève jusque dans les cieux et il foule aux pieds

toutes les choses de ce monde. Quand un homme veut atteindre un endroit placé à une grande hauteur, il a coutume de mettre sous ses pieds un escabeau. Ainsi le pauvre, afin de toucher le ciel de sa main, se fait par son mépris des choses terrestres un escabeau ; il les foule à ses pieds et en lui s'accomplit cette parole : *Tout lieu où vous aurez mis le pied sera à vous* [9]. Enfin la pauvreté est comblée des biens les plus grands, car elle s'entend parfaitement à amasser des trésors. Elle laisse la terre aux taupes qu'elle recouvre, c'est-à-dire aux avares; la boue aux animaux immondes, ou autrement aux impudiques; et la poussière aux serpents, c'est-à-dire aux superbes, car, dit Isaïe, *la poussière sera la nourriture du serpent* [10]. Elle dédaigne de faire un trésor de la fange d'une étable ; or, cette fange, ce sont les richesses du monde, et le monde est vraiment une étable, le séjour d'hommes animaux et menant la vie de la bête. Elle garde pour elle les biens immeubles, les biens du ciel, et elle est prodigue des biens passagers, des biens terrestres. Ainsi Abraham transmit à Isaac tout ce qu'il possédait en bien-fonds, et il se contenta de faire des présents à ses autres enfants [11].

---

1. Mat., 19.
2. Luc., 14.
3. Deut., 32.
4. Luc., VI.
5. Phil., 5.

6. Hebr., 4.
7. Eccli., 11.
8. Luc., 2.
9. Deut., 11.
10. Is., 65.
11. Gen., 25.

DE LA CHASTETÉ.

Nous avons trois considérations à faire touchant la chasteté. Elle fleurit comme un lis au milieu des épines, un lis incorruptible, d'une valeur inestimable et dont les feuilles ne sauraient s'altérer. Elle est précieuse parmi les perles du prix le plus élevé et son trône est placé au-dessus des étoiles.

En premier lieu, la chasteté fleurit comme un lis au milieu des épines. En effet, il est dit au livre des Cantiques : *Tel qu'est le lis entre les épines, telle est ma bien-aimée entre les autres filles* [1]. La fleur du lis se divise en six parties blanches comme la neige, et elle renferme six graines ayant la couleur de l'or. Ces feuilles, d'une blancheur admirable, marquent la pureté de la chair, et les graines, semblables à l'éclat de l'or, l'innocence de l'âme. La fleur, disons-nous, est formée de six parties distinctes comme d'autant de feuilles, et elles représentent six choses nécessaires à la pureté. La première est la sobriété dans le boire et dans le manger. Ce qui a fait dire à saint Jérôme : « qu'une vierge fuit le vin comme un poison. » En effet, le vin et la jeunesse sont comme un double incendie de concupiscence. De là cette parole des Proverbes : *Le vin est une source d'intempérance* [2]. Et ensuite Loth a commis un inceste au milieu de l'ivresse causée par le vin [3]. — La seconde de ces feuilles est la grossièreté dans les vêtements. Souvenez-vous, dit saint Bernard, que plus l'ouvrier chargé de travailler la laine se sert d'un instrument rude, plus l'étoffe sortie de ses mains est moëlleuse. C'est ainsi qu'un habit grossier rend le corps plus chaste. Au contraire, les enfants d'Israël sont tombés dans le crime avec les filles de Moab, dont les vêtements étaient somptueux [4].—La troisième feuille est un travail laborieux, tandis que la paresse et le repos sont l'aliment principal de la luxure. *Voici*, dit Ezéchiel, *quelle a été l'iniquité de Sodome, votre soeur: ç'a été l'orgueil et l'excès des viandes, l'abondance de toutes choses et l'oisiveté* [5]. David est devenu coupable également au sein du repos [6]. — La quatrième feuille est la garde des sens, surtout de la vue et de l'ouïe, car la curiosité qui nous porte à voir et à entendre est une voie au péché. Ainsi Dina, fille de Jacob, était sortie pour voir les femmes du pays où elle demeurait, et elle devint la victime de Sichem, fille d'Hémor [7]. — La cinquième feuille est la modestie dans les paroles, et principalement l'éloignement des paroles impures, parce qu'un langage dissolu et déshonnête excite à la luxure. De là cette recommandation de l'Apôtre : *Ne vous laissez point séduire par de vaines paroles, car les entretiens mauvais corrompent les bonnes moeurs* [8]. « Que les discours « d'une vierge, dit également saint Jérôme, soient pudiques, modestes, peu empressés, rares, et moins remarquables par leur éloquence que par leur timidité » — « Que la vierge, dans la vie « nouvelle dont elle fait profession, dit-il encore ailleurs, soit grave, d'une honnêteté admirable, d'une modestie étonnante, d'une patience merveilleuse; que sa pureté brille en sa démarche et que ses vêtements annoncent une pudeur véritable; que ses discours soient pleins de réserve et émis en temps opportun [9]. » — La sixième feuille est la fuite des occasions diverses et surtout des personnes d'un autre sexe. *Ne vous arrêtez point*, dit la Genèse, *dans la contrée qui est voisine d'un tel pays* [10]. Les animaux qui vivent dans les forêts ont un poil plus délicat que les animaux domestiques. Nous lisons aussi aux livres des Rois que Thamar souffrit violence d'Amon, son frère, parce qu'il demeura seul avec elle en sa demeure. De là cette parole de saint Bernard [11] : « Les vierges qui sont vraiment vierges doivent toujours être tremblantes et jamais en pleine sécurité; elles doivent craindre même là où elles n'ont rien à redouter. »

Le lis renferme six graines ayant l'éclat de l'or,

et par là il figure les trois manières dont nous devons aimer Dieu et les trois motifs de cet amour. Et d'abord l'esprit chaste doit aimer Dieu de trois manières; il doit, dis-je, l'aimer avec prudence, de peur que, se laissant séduire, il ne vienne à s'éloigner de lui; avec douceur, afin de ne point tomber dans l'orgueil et de ne point devenir étranger à son amour; avec force, afin de ne point se laisser abattre et de ne point voir cet amour lui être ravi. — Trois motifs ensuite nous portent à l'aimer : nous devons l'aimer de tout notre coeur comme Créateur, de toute notre âme comme Rédempteur, de tout notre esprit comme Rémunérateur.

En second lieu, la chasteté l'emporte sur toutes les pierres précieuses par la grandeur de son prix. *On ne saurait*, dit l'Ecriture, *estimer dignement une âme chaste* [12]. En effet, la chasteté est un trésor dont la valeur s'unit à celle de la charité; c'est pourquoi on doit l'aimer souverainement; c'est de lui qu'il est dit : *Le royaume des cieux est semblable à un trésor caché dans un champ. Celui qui l'a trouvé, le cache; ensuite il s'en va plein de joie, il vend tout ce qu'il a et achète ce champ* [13]. C'est un trésor placé dans un vase très-fragile, et il faut veiller avec le plus grand soin à sa conservation. *Nous portons*, dit l'Apôtre, *ce trésor en des vases d'argile* [14]. Mais aussi il y a une vertu bien grande à garder la chasteté dans une chair corruptible. C'est un trésor toujours assiégé par un ennemi pervers; c'est pourquoi il faut craindre souverainement, mais en même temps nous acquérons un grand honneur à le préserver de toute atteinte. Ainsi est digne de louange celui qui défend un camp exposé de toutes parts contre les assauts d'une armée puissante.

En troisième lieu la chasteté a son siège élevé au-dessus des étoiles, et il est figuré par ce grand siège d'ivoire dont il est parlé aux livres des Rois [15]. L'ivoire est froid, il est solide et éclatant de blancheur. Il est froid contre la concupiscence, solide par la fermeté de sa persévérance, et blanc par la candeur de son innocence. Ensuite l'ivoire, quand il est enfermé dans une étoffe de lin bien pur, préserve cette étoffe de l'incendie. De même la chasteté placée dans une âme tient le corps à l'abri des flammes de la volupté.

Remarquez aussi que la chasteté a un fruit très-abondant, une course très-rapide et une auréole brillante de beauté. Et d'abord elle a un fruit très-abondant; elle est en effet ce bon grain de l'Evangile qui a donné tantôt trente, c'est la chasteté conjugale ; tantôt soixante, c'est la chasteté de la viduité; et tantôt cent, c'est la chasteté virginale[16]. — La chasteté a une course très-rapide; elle atteint Dieu de trois manières différentes : en courant, en nageant, en volant. Elle l'atteint en courant par l'accomplissement des bonnes oeuvres, en nageant à travers les eaux de la dévotion intérieure, en volant au moyen d'une contemplation sublime; et ainsi, selon la parole de saint Jean, *elle suit l'Agneau partout où il va* [17]. Elle est environnée d'une auréole admirable, car ce n'est pas seulement l'auréole d'une récompense accidentelle, mais l'auréole d'une gloire spirituelle.

Il y a une triple auréole : celle des vierges, des martyrs et des docteurs. L'auréole des vierges est composée de fleurs, celle des martyrs de pierres précieuses, et celle des docteurs est toute brillante d'or. L'auréole des vierges est composée de fleurs; c'est d'elle qu'il est dit [18] : *Venez des hauteurs du Liban, ô mon épouse, venez, vous serez couronnée*; et cette couronne est l'auréole de la chasteté. L'Ecriture appelle la chasteté une fleur; c'est donc avec raison qu'une couronne de fleurs est donnée aux âmes chastes. Ensuite, cette vertu se flétrit, comme la fleur, au moindre contact, elle se flétrit au souffle d'une délectation impure, elle se corrompt entièrement. La fleur brille ensuite de tout son éclat aux rayons du soleil et se ferme durant la nuit pour s'ouvrir de nouveau sous l'action de la lumière. Ainsi l'homme vraiment chaste se glorifie de sa vertu en présence de Dieu et non en présence des hommes : *Notre gloire*, dit l'Apôtre, *c'est le témoignage de notre conscience* [19].

L'auréole des martyrs est formée de pierres précieuses, car il est écrit : *Vous avez placé sur sa tête une couronne de pierres précieuses* [20]. Celle des docteurs est brillante d'or : *Une couronne d'or*, dit également l'Ecriture, *environne sa tête* [21].

Remarquez enfin que la chasteté a besoin d'un rempart bien fermé, qu'elle doit être ornée d'une ceinture d'un prix inestimable et d'une peinture éclatante. Elle a besoin d'un rempart bien fermé; en effet, il est dit : *Ma soeur, mon épouse, est un jardin fermé* [22]. On ne saurait arriver que d'en haut à un jardin ceint tout entier de murailles; ainsi l'homme chaste, s'il est bien fortifié par le mur de la continence, ne doit-être accessible qu'aux désirs célestes. Si cependant ce jardin était rempli de bêtes féroces, il lui servirait peu d'être fermé de la sorte, ou plutôt ce ne serait d'aucun profit pour notre corps si notre âme était en proie aux mouvements immondes de la luxure. C'est pourquoi l'Epouse n'est pas appelée seulement un jardin fermé, mais une *fontaine scellée*. Elle est un jardin fermé par la chasteté corporelle et une fontaine scellée par la pureté de son âme.

La chasteté doit porter une ceinture précieuse, car il est écrit : *Que vos reins soient ceints, et ayez en vos mains des lampes allumées* [23]. Daniel vit un homme ayant autour des reins une ceinture d'or très-pur, ou autrement d'un prix très-élevé. Saint Jean vit de même le Fils de l'homme ceint d'une ceinture d'or au-dessous des mamelles [24]. Or, ces deux ceintures représentent la chasteté : la première signifie la chasteté corporelle, et la seconde la pureté du coeur; car, dit Aristote, le coeur de l'homme est placé au-dessous des mamelles et un peu plus du côté gauche.

La chasteté doit être ornée d'une peinture précieuse : la couleur blanche est le principe et la base des autres couleurs, ainsi la chasteté est le principe et la base des autres vertus et des bonnes oeuvres, et même sans elle, dit saint Grégoire, il n'y a pas d'oeuvre bonne [25].

---

1. Cant., 2.
2. Prov., 20.
3. Gen., 19.
4. Num., 25.
5. Ezech., 16.
6. II Reg., 11.
7. Gen., 34.
8. I Cor., 15.
9. Ad Demet. epist.
10. Gen., 19.
11. Hom. 3, sup. missus est.
12. Eccli., 25.
13. Mat., 13.
14. II Cor., 4.
15. III Reg., 12.
16. Mat., 15.
17. Apoc., 14.
18. Cant., 4.
19. II Cor., 1.
20. Ps. 20.
21. Eccl., 45.
22. Cant., 4.
23. Luc., 12.
24. Dan., 10. — Apoc., 1.
25. Hom. 4, in ev.

L'ALPHABET DES RELIGIEUX

ALPHABET DES RELIGIEUX

Seigneur, montrez-moi vos voies et faites-moi connaitre vos sentiers. Je vous en conjure, ô mon Dieu, daignez m'enseigner les voies d'une vie sainte, afin que je puisse sauver mon âme. [1]

I.

Aimez à être ignoré et compté pour rien ; cela vous est plus utile et plus avantageux que de recevoir les louanges des hommes.

II.

Soyez bienveillant envers tous, envers les bons et les méchants, et évitez d'être à charge à personne.

III.

Conservez votre coeur exempt de toute dissipation, votre bouche pure de toute parole inutile, et enchaînez vos autres sens sous une discipline sévère.

IV.

Aimez la solitude et le silence : vous jouirez d'un grand repos et de la paix d'une bonne conscience; car où est la multitude, se trouvent des agitations fréquentes et des causes de distractions nombreuses pour le coeur.

V.

Choisissez pour votre part ce qu'il y a de plus pauvre et de plus simple; soyez content de peu de chose, et vous ne vous laisserez point aller facilement aux murmures.

VI.

Fuyez le monde et les affaires du siècle; car vous ne pouvez être à la fois à Dieu et aux hommes, aux choses éternelles et à ce qui se passe.

VII.

Rendez grâces à Dieu en tout temps de coeur et de bouche, quelles que soient vos peines et vos tribulations; car dès l'éternité la providence du Seigneur a tout disposé pour cette vie avec une sagesse pleine de rectitude et de vérité.

VIII.

Soyez humble en toutes choses et vis-à-vis de tout le monde, et vous trouverez grâce aux yeux de tous : vous serez aimé de Dieu et chéri des hommes; et le démon s'éloignera bien vite de vous, car il a en horreur la vertu d'humilité.

IX.

En toute bonne oeuvre, ayez l'intention sincère de plaire à Dieu : il voit le fond de nos coeurs et il aime ceux qui sont justes et droits.

X.

Regardez comme vos amis les plus chers et comme vos protecteurs ceux qui vous reprennent et vous blâment. Si vous jugez et considérez bien, vous trouverez dans cette pratique l'occasion d'un gain précieux, car ceux-là vous aident beaucoup à avancer dans le bien, qui s'efforcent de vous éloigner du mal.

XI.

C'est par le travail, la douleur, les gémissements et les larmes qu'on acquiert le royaume de Dieu. C'est au milieu des délices et des honneurs qu'on perd le ciel.

XII.

C'est un grand bienfait de Dieu, d'être pauvre en ce monde, d'y tenir le dernier rang, et la marque d'un orgueil profond, de chercher sans cesse à s'élever. Le démon nous porte toujours à soupirer après les honneurs et à fuir le mépris. Il sait bien que celui qui s'élève ainsi tombera après avoir exercé quelque temps son empire sur les hommes. Estimez donc les plus petites choses comme des grâces considérables, et vous serez dignes d'en recevoir de plus grandes.

XIII.

Ne méprisez personne, ne nuisez à aucun, compatissez à l'indigent et à l'homme en proie à l'affliction, et gardez-vous de vous enorgueillir jamais.

XIV.

Employez utilement à la gloire de Dieu tout votre temps. Rien n'est plus précieux que le temps : vous pouvez par lui mériter le royaume éternel. Soyez aussi avec tout le monde plein d'amabilité, de bénignité, d'affabilité et de gravité. Rapportez tout à la louange de Dieu et ne faites rien sans conseil et sans réflexion.

XV.

En toute action, examinez d'abord si elle plaît ou déplaît à Dieu, et n'agissez jamais par crainte ni par amour contre votre conscience. Dans les choses douteuses recourez à l'Ecriture et à l'obéissance à votre supérieur, et gardez-vous de trop vous confier en vous-même. Apprenez à vous taire avant que de parler, et aimez à écouter plutôt qu'à enseigner les autres, car il est plus sûr de chercher à se cacher qu'il se produire au-dehors.

XVI.

Si vous désirez conserver en tout temps la paix, ayez soin de demeurer étranger à ce qui ne vous regarde pas, et de ne point vous en constituer le juge. Celui qui s'applique aux choses communes et évite celles qui sont singulières sera aimé davantage et arrivera plus vite à une fin heureuse. Celui qui fait à temps ce qu'il doit, sera ensuite rempli d'une joie plus grande.

XVII.

Rentrez au-dedans de votre coeur et fermez la porte de votre bouche, si vous voulez ne point être entraîné par les séductions du démon au milieu des désirs terrestres. Les choses mauvaises sont nuisibles à entendre, celles qui flattent nos yeux sont une source de tentation, et les reproches occasionnent le trouble. Eloignez-vous donc de tout homme emporté, ignorant, dissolu, et demeurez avec Dieu dans le silence.

XVIII.

Soyez sobre en votre nourriture, modeste en vos vêtements, attentif en vos paroles, honnête en vos manières, plein de maturité en vos conseils, courageux dans l'adversité, humble au milieu des injures et dans la prospérité, reconnaissant pour les bienfaits, gai dans les mépris, patient dans la douleur et discret en toutes vos actions.

XIX.

Craignez d'offenser Dieu par vos moindres négligences et par chacun de vos défauts. Soyez sans présomption dans le succès, et ne vous laissez point aller au désespoir dans les choses fâcheuses. La crainte de Dieu nous éloigne du péché et nous porte à accomplir toute bonne oeuvre d'une manière parfaite. Confiez-vous à Dieu sans réserve, et ce qui vous est pénible deviendra tolérable. Que votre paix soit une grande patience : toute tribulation est bien légère comparée à la vie éternelle.

XX.

Vendez à Dieu toutes vos jouissances, et sa grâce vous fera goûter en un instant des consolations meilleures. Personne n'est plus riche, ni plus libre que celui qui se donne à Dieu tout entier et achète au prix de son amour le Sauveur immolé sur la croix pour le salut du monde.

XXI.

Que Jésus-Christ soit votre vie, votre livre, votre méditation, le sujet de vos entretiens ; qu'il soit votre unique désir, votre gain, votre espérance entière et votre récompense. Si vous cherchez autre chose que Dieu seul, vous dissiperez, vous serez dans la peine et vous n'arriverez pas au repos.

XXII.

L'occupation des religieux et des clercs doit être de chanter les hymnes et les psaumes sacrés.

Les choeurs angéliques, appliqués à louer Dieu sans interruption dans les cieux, sont dans la joie à la vue d'un pareil exercice. Servir la chair, c'est la mort, c'est préparer une pâture aux vers, un asile aux démons, un aliment aux péchés, un foyer aux maladies ; c'est la perte du corps, la ruine des moeurs, la dissipation des biens, l'appel de maux et de douleurs sans nombre. Servir Dieu, au contraire, c'est la félicité de l'âme, la santé du corps, la prudence de l'esprit, la vie céleste. Celui-là chante au Seigneur des hymnes délectables qui le loue en tout temps dans la tribulation. Le commencement et la fin de tout bon religieux, c'est d'aimer Dieu de coeur, de le louer de bouche, et d'édifier ses frères par ses bons exemples.

XXIII.

Zachée, mon frère, hâtez-vous de descendre des hauteurs d'une science mondaine; venez et apprenez à l'école de Dieu la voie de l'humilité, de la mansuétude et de la patience, afin que, instruit par Jésus-Christ, vous puissiez arriver à la gloire de l'éternelle béatitude. Ainsi soit-il.

O bon religieux, écrivez cet alphabet en votre coeur comme dans un livre de vie; parcourez-en chaque jour les sentences et accoutumez-vous à en observer les saints enseignements. Les paroles en sont peu nombreuses ; mais elles renferment de grands mystères, elles contiennent la vie entière des hommes parfaits. Elles sont un ornement au-dehors et une source de repos au-dedans. La vie d'un bon religieux commence par le mépris et l'abnégation de soi-même, et elle s'élève jusqu'à la contemplation de Dieu.

---

1. Ps. 24.

Autre Alphabet pour les Nouveaux Religieux

Aimez la pauvreté, et contentez-vous pour votre usage d'objets sans valeur. — Soyez en tout temps et sans interruption appliqué à bien faire. — Evitez la superfluité dans les paroles et exercez-vous au silence. Ayez sans cesse Dieu présent devant les yeux. Aimez les jeûnes, réprimez la gourmandise, et n'allez qu'avec dégoût au lieu où se prend le repas. — Réjouissez-vous avec ceux qui sont dans la joie, et pleurez avec ceux qui sont dans la peine. — Vivez en bon accord avec vos inférieurs, et honorez ceux qui sont élevés en dignité. — Soyez obéissant en tout et soumis à votre supérieur. — Exercez la charité envers tous les hommes sans distinction.—Réprimez par la crainte du Seigneur les mouvements emportés de la concupiscence. — Purifiez l'oeil de votre coeur par une innocence virginale. — Ne possédez rien en propre, mais attachez-vous à suivre Jésus dépouillé de tout. — N'ayez qu'un fardeau léger à porter, et vous serez vainqueur du monde. — Méditez les souffrances de Jésus-Christ avec un coeur attristé et compatissant. — Cherchez la gloire de Dieu et rien autre chose sur la terre. — Résistez aux vices, priez avec ferveur, et apportez le respect le plus profond à recevoir le corps du Sauveur. — Calmez les mouvements de votre âme, en modérant votre colère. — Si vous désirez jouir de Jésus-Christ, vous éviterez soigneusement les entretiens inutiles, vous vous exercerez à demeurer solitaire, et ainsi vous arriverez à aimer avec fidélité le Sauveur par-dessus tout. — Que le feu de la charité vous fasse brûler de zèle pour la gloire de Dieu et ensuite pardonnez de bon coeur à ceux qui vous offensent. — Ce n'est pas le nom, mais la vie, ce ne sont pas les paroles, mais les actions qui rendent l'homme vertueux.

EXERCICES SPIRITUELS

Si vous voulez vous conserver dans la vertu, il vous faut avoir des exercices spirituels afin d'occuper votre esprit, autrement vous ne sauriez vous promettre la persévérance.

I.

Exercez-vous d'abord à la prière ainsi qu'il suit, quant au temps et à la manière. Au commencement de toute action et de tout travail vous invoquerez le Seigneur et vous lui adresserez cette courte invocation : O mon Dieu! venez à mon secours. Ayez pitié de moi, mon Dieu! ou autre semblable. Vous prierez encore lorsque vous entendrez sonner la cloche ou l'horloge; mais contentez-vous de le faire intérieurement et avec ferveur, de façon que vous trouvant avec les autres, ils ne s'en aperçoivent pas.

II.

Secondement, toutes les fois que la cloche sonnera, formez en général, mais de tout votre cœur, la résolution de vous corriger de vos fautes, et ajoutez-y une courte prière de la durée d'un Notre Père.

Avant toute action considérable pensez un peu comment, dans vos résolutions, vous vous étiez proposé d'agir.

Ayez toujours soin le matin d'arrêter comment vous voulez vous conduire durant tout le jour; et ensuite avant chaque action extérieure et durant cette action, vous vous rappellerez brièvement vos résolutions.

De même trois ou quatre fois le jour, renouvelez de tout votre cœur vos bonnes dispositions contre le péché d'orgueil.

III.

Votre troisième exercice consistera à avoir quelque sujet particulier pour occuper votre pensée dans le temps libre. Vous en aurez un spécial pour chaque jour; vous vous en occuperez souvent et vous y reviendrez de temps à autre.

Le dimanche, pensez au royaume des cieux.

Le lundi, au jugement dernier.

Le mardi, aux bienfaits de Dieu.

Le mercredi, à la mort.

Le jeudi, aux peines de l'enfer.

Le vendredi, à la Passion du Seigneur.

Le samedi, à la bienheureuse Vierge, notre souveraine, et à vos péchés.

Cependant unissez chaque jour la Passion du Seigneur et le souvenir des bienfaits de Dieu au sujet ordinaire de la journée. Et à chacune des heures, comme matines, prime, tierce, etc., aimez à vous rappeler ce que le Seigneur souffrit à cette heure, après avoir pensé brièvement à votre sujet ordinaire. J'ai l'espérance qu'en méditant et en agissant de la sorte, vous passerez votre temps d'une manière convenable.

IV.

Exercez-vous chaque jour à des œuvres d'humilité et d'abjection, comme de choisir toujours la dernière place, de vous mépriser vous-même du fond du cœur, de vous estimer indigne des louanges de qui que ce soit, et de tout renvoyer à Dieu. Soit qu'on vous loue, soit qu'on vous blâme, ne vous en inquiétez pas; considérez-vous vous-même, et vous trouverez que vous ne méritez aucun éloge ; que vous êtes, au contraire, vraiment digne de tout opprobre. Et lorsque vous serez avec les autres, demeurez silencieux, modeste et plein de douceur, sans cependant sortir des limites convenables.

V.

Evitez tout ce qui est un signe d'orgueil, comme de crier trop haut en parlant, et autres choses semblables.

VI.

Considérez souvent en quelles fautes vous tombez dans vos diverses actions, et ne souffrez pas que le désordre le plus léger passe inaperçu et sans réprobation; car celui qui ne fait aucun cas des petites choses, tombe souvent en de plus grandes.

VII.

Veillez avec un soin tout particulier à la garde de vos yeux en quelque lieu que vous soyez, car la négligence en ce point entraîne des maux infinis. Gardez-les donc par-dessus tout.

VIII.

Considérez les actions des autres, soit bonnes, soit mauvaises. Lorsque vous verrez quelqu'un commettre le péché, vous penserez que si Dieu lui accordait une grâce aussi grande qu'à vous, il se corrigerait avec beaucoup plus de ferveur que vous ne le faites. Lorsque, au contraire, une bonne action viendra frapper vos regards, vous examinerez comment vous pouvez l'imiter.

IX.

Tout ce que vous verrez et entendrez chez les autres, interprétez-le en bonne part; de la sorte vous ne ferez aucun jugement téméraire.

En quelque lieu que vous soyez, conservez un extérieur modeste et bien réglé, pour ne point donner aux autres de mauvais exemple ; car un extérieur désordonné est l'indice d'une âme sans piété.

XI.

Ayez soin aussi de ne jamais rien faire, nulle part, qui puisse être une occasion de scandale ou inspirer des soupçons peu avantageux; car le mauvais exemple est toujours bien dangereux.

XII.

Résistez courageusement aux tentations ; abs-
tenez-vous des choses de la chair et rejetez-les
bien loin, car le salut ne saurait se trouver en de
semblables choses.

XIII.

Enfin, soyez toujours dans la crainte ; conservez-vous dans la plus grande modestie, et agissez lorsque vous êtes seul comme vous feriez en présence des autres ; car Dieu est témoin de toutes vos actions.

Vous vous appliquerez à pratiquer en général ces exercices, autant que vous le pourrez ; et vous prierez instamment le Seigneur de vouloir bien vous donner la grâce dont vous avez besoin pour cela, car sans lui vous ne pouvez rien faire.

[1]Je passerai donc de ce qui est extérieur aux choses intérieures, et des choses intérieures je m'élèverai à celles qui sont au-dessus de moi, afin de connaître d'où je viens et où je vais. Je me demanderai ce que je suis et quelle est mon origine, afin d'arriver par la connaissance de moi-même à la

connaissance de Dieu ; car plus j'avancerai dans ma propre connaissance, plus je m'approcherai de celle de Dieu. Quelle est mon origine ? Selon l'homme extérieur je viens de ceux qui m'ont donné la vie; j'étais condamné avant que d'être montré au jour. Pécheurs eux-mêmes, mes parents m'ont engendré dans le péché, et coupable comme eux, ils m'ont nourri de leur péché. Que suis-je ? Un homme formé d'une vile boue. J'ai été conçu, comme le reste des mortels, de la substance de l'homme; bientôt cette substance, prenant des ac-croissements successifs, s'est changée en chair; en-suite j'ai paru en l'exil de ce monde au milieu des larmes et des gémissements ; et devenu plus grand, je me suis trouvé rempli d'iniquités. Main-tenant je vais me présenter devant le Juge sévère, et il dira de moi : Voici l'homme et ses œuvres. — Méditez toutes ces choses le plus profondément possible.

---

1. Tout ce passage est tiré en grande partie du petit livre in-titulé : Méditations de saint Bernard.